Bibliografische Information der Deutschen Nationalbibliothek:

Die Deutsche Bibliothek verzeichnet diese Publikation in der Deutschen National-
bibliografie; detaillierte bibliografische Daten sind im Internet über http://dnb.d-
nb.de/ abrufbar.

Impressum:

Copyright © 2015 GRIN Verlag, Open Publishing GmbH
Druck und Bindung: Books on Demand GmbH, Norderstedt Germany
ISBN: 9783668366664

Dieses Buch bei GRIN:

http://www.grin.com/de/e-book/347032/analyse-einer-kursstunde-und-aufbau-eines-
rueckenfitnesskurses

Alexander Frings

Analyse einer Kursstunde und Aufbau eines Rückenfitnesskurses

GRIN Verlag

GRIN - Your knowledge has value

Der GRIN Verlag publiziert seit 1998 wissenschaftliche Arbeiten von Studenten, Hochschullehrern und anderen Akademikern als eBook und gedrucktes Buch. Die Verlagswebsite www.grin.com ist die ideale Plattform zur Veröffentlichung von Hausarbeiten, Abschlussarbeiten, wissenschaftlichen Aufsätzen, Dissertationen und Fachbüchern.

Besuchen Sie uns im Internet:

http://www.grin.com/

http://www.facebook.com/grincom

http://www.twitter.com/grin_com

Deutsche Hochschule für

Prävention und Gesundheitsmanagement

Hermann Neuberger Sportschule 3

66123 Saarbrücken

Einsendeaufgabe

Fachmodul:	Gruppentraining 1
Studiengang:	Bachelor in Fitnessökonomie (BFÖ)
Datum Präsenzphase:	04.05.2015 – 07.05.2015
Name, Vorname:	Frings, Alexander
Studienort:	**Köln**
Semester:	**WS 14**

Inhaltsverzeichnis

1 Optimaler Phasenverlauf einer Kurseinheit

Ein optimaler Phasenverlauf einer Kurseinheit setzt sich aus den drei Teilen Einleitung, Hauptteil und dem Schluss zusammen: „Die allgemein im Sport anerkannte Drei-PhasenEinteilung einer Trainingseinheit sollte als Grundlage bei der Planung einer Kurseinheit im Bereich Gruppentraining angewendet werden. Man unterscheidet Einleitung, Hauptteil und Schlussteil." (Eifler, C. & Reiß, M. 2014, S.61).

Die Einleitung setzt sich wiederum aus drei Teilen zusammen. Der Begrüßung, dem allgemeinen Warm Up und dem speziellen Warm Up. Zu Beginn jeder Kursstunde erfolgt die Begrüßung. Teile der Begrüßung sind die Vorstellung des Kursleiters, die Einweisung neuer Teilnehmer, eine kurze Einleitung in die Kursschwerpunkte und gegebenenfalls Hinweise zu technischen Ausführungen. Ein weiteres Ziel der Einleitung sollte die Motivation der Teilnehmer sein.

Im Anschluss an die Begrüßung beginnt die Kursstunde mit dem allgemeinen Warm Up. Dieses Warm Up hat mehrere wichtige Ziele für die Kursstunde. Zunächst soll es den Teilnehmern die Möglichkeit bieten einen Übergang vom Alltag in das Training zu finden und dadurch die psychovegetative Leistungsbereitschaft erhöhen. Abgesehen davon wird das Herz-Kreislauf-System durch eine Erhöhung der Körpertemperatur, eine Anregung des Stoffwechsels und eine verbesserte Sauerstoffversorgung durch eine erhöhte Blutzirkulation auf die Belastungen der Kurseinheit vorbereitet. Zudem werden hier die Gelenke mobilisiert und dadurch zur Produktion von Gelenkflüssigkeit angeregt.

Der Übergang vom allgemeinen zum speziellen Aufwärmen ist ein fließender Prozess. Durch das spezielle Warm Up werden die Kursteilnehmer auf die Übungen, die Kleingeräte und die Bewegungsabläufe des Hauptteils vorbereitet. Außerdem kann an dieser Stelle, zur weiteren Vorbereitung ein „Pre-Stretch" durchgeführt werden: „Ein weiterer Inhalt in der speziellen Erwärmung kann das Vordehnen – auch als „Pre-Stretch" bzeichnet – sein." (Eifler, C. & Reiß, M. 2014, S.63).

Im Laufe der beiden Warm Ups steigert sich die Intensität zunehmen, bis sie im Hauptteil ihren Höhepunkt erreicht. Der Hauptteil kann drei verschiedene Ausprägungen annehmen. Zum einen kann der Hauptteil kraftorientiert sein und dadurch die Ziele einer Verbesserung der Haltung, der Kraftausdauer, der Figur Formung und einer Erhöhung des Kalorienverbrauchs als Folge des Muskelzuwachses verfolgen.

Es ist jedoch auch möglich, dass der Hauptteil ausdauerorientiert gestaltet wird, wodurch die Ziele einer Verbesserung der Ausdauerfähigkeit und einer Gewichtsreduktion durch einen erhöhten Kalorienverbrauch im Vordergrund stehen.

Abgesehen davon kann der Hauptteil aber auch gesundheitsorientiert gestaltet werden. Die Inhalte eines solchen Kurses können je nach Angebot variieren, wodurch der Kurs die Haltung, die Beweglichkeit oder die Entspannungsfähigkeit verbessern kann.

In Bezugnahme auf den Hauptteil, kann der Schlussteil entweder einen oder zwei Cool Downs haben. Wenn es sich um einen ausdauerorientierten Kurs handelt, sind beide Cool Downs angebracht, da die Intensität des Kurses sehr hoch war.

Ziel des ersten Cool Down ist es, das Herz-Kreislauf-System wieder zu beruhigen und die Körpertemperatur sowie den Puls zu senken.

Im Anschluss daran folgt der zweite Cool Down, bei dem eine mentale Beruhigung der Teilnehmer, sowie eine Lockerung, Dehnung und Entspannung der Muskulatur erfolgen.

Handelt es sich bei dem Kurs um einen gesundheits- oder kraftorientierten Kurs, kann der erste Cool Down übersprungen werden.

Der Kurs endet mit der Verabschiedung der Teilnehmer, hier hat der Kursleiter die Möglichkeit Informationen zu aktuellen Anlässen im Studio sowie Feedback weiterzugeben und Anregungen der Teilnehmer zu sammeln.

2 Besuch einer Kurseinheit

2.1 Phasenverlauf des besuchten Kurses

Besucht wurde ein Rückenfit-Kurs an einem Montagmorgen, der Kurs startete um 9 Uhr und endete um 9:55 Uhr. Zu Beginn des Kurses erfolgte eine Begrüßung des Kursleiters, in der er sich vorstellte und den Teilnehmern mitteilte, dass sie für die Kursstunde einen Gymnastikball, eine Gymnastikmatte, einen Gymnastikreifen (zur Sicherung des Gymnastikballs) und Kurzhanteln benötigen, welche vom Studio bereit gestellt wurden. Im Anschluss an die Begrüßung folgte das allgemeine Warm Up, in dem eine Gelenkmobilisation erfolgte, dafür wurden z.B. Schulterkreisen durchgeführt. Eine Überleitung zum Speziellen Warm Up erfolgte durch einen „Pre-Stretch" und eine Mobilisation der Wirbelsäule, exemplarisch hierfür ist die Seitrotation des Oberkörpers bei fixierter Hüfte zu nennen. Ein Beispiel dafür ist eine statische Dehnung des M. Trapezius, durch nach vorne strecken und halten der Arme bei eingerolltem Oberkörper im Stand.

Im Hauptteil erfolgten überwiegend Übungen zur Kräftigung der Wirbelsäulen- und Stützmuskulatur. Repräsentativ ist hier ein Unterarmstütz mit den Armen auf dem Gymnastikball zu nennen.

Bei dieser Kurseinheit wurde nur ein Cool Down verwendet, bei dem Dehnübungen für die Beine und Mobilisationsübungen wie der Katzenbuckel im Vierfüßler Stand durchgeführt wurden.

Als Abschluss verabschiedete sich der Kursleiter von den Teilnehmern.

Betrachtet man den Phasenverlauf der Kurseinheit und vergleicht ihn mit dem optimalen Phasenverlauf aus EA1, so lässt sich feststellen, dass die beiden Phasenverläufe nahezu identisch sind. Als einzigen Unterschied lässt sich die Begrüßung anführen. Im optimalen Phasenverlauf wird an dieser Stelle der Kursschwerpunkt vom Kursleiter kommuniziert, was jedoch bei der besuchten Kurseinheit nicht der Fall war. Grund dafür könnte sein, dass bei diesem Kurs ein alteingesessener Teilnehmerstand vorhanden ist und der Kursschwerpunkt immer derselbe ist.

2.2 Sportmotorische Fähigkeiten im besuchten Kurs

Im Hauptteil des besuchten Rückenfit Kurs wurde auf mehrere sportmotorische Fähigkeiten eingegangen. Im Mittelpunkt stand die sportmotorische Fähigkeit Kraft, es wurden jedoch auch die sportmotorischen Fähigkeiten Beweglichkeit und Koordination angesprochen.

Exemplarisch für die Fähigkeit Kraft wurde folgende Übung durchgeführt: Die Ausgangsposition war kniend auf der Gymnastikmatte, die Knie waren hüftbreit aufgestellt, der Rücken gerade und der Kopf eine Verlängerung der Wirbelsäule. Der Gymnastikball lag mit einer Armlänge Entfernung vor den Teilnehmern und wurde nur von den Fingerspitzen berührt. Bei der Übungsdurchführung wurde der Oberkörper nach vorne geschoben, die Arme wurden immer mehr auf dem Ball abgelegt und die Beine durchgestreckt, bis nur noch die Zehenspitzen den Boden berührt haben. Der Körper wurde in einer Linie gehalten, genauso wie beim Unterarmstütz. Die Spannung wurde einige Sekunden gehalten, danach wurde wieder die Ausgangsposition eingenommen.

Eine Übung für die sportmotorische Fähigkeit Koordination startete in Bauchlage auf dem Ball. Dabei wurden dann gleichzeitig der rechte Arm und das linke Bein ausgestreckt und abgehoben, kurz gehalten und dann wieder abgesenkt. Im Anschluss daran folgten der linke Arm und das rechte Bein.

Die sportmotorische Fähigkeit Beweglichkeit wurde in einer sitzenden Position, auf dem Gymnastikball trainiert. Die Füße standen hüftbreit auf dem Boden, der Oberkörper war gerade und der Kopf eine Verlängerung der Wirbelsäule. Der Bauch und der untere Rücken hatten eine Grundspannung und die Arme waren auf Schulterhöhe zu den Seiten ausgestreckt. Der Oberkörper wurde bei der Übung abwechselnd zur linken und zur rechten Seite gedreht, die Hüfte war dabei fixiert.

Alle Übungen wurden langsam und kontrolliert ausgeführt, außerdem wurde auf eine ruhige tiefe Atmung geachtet.

2.3 Betrachtung des Kursleiterverhaltens

Das Verhalten des Kursleiters wird im Folgenden analysierend, im Hinblick auf die vier Funktionen „Lehrer, Vorbild, Animateur und Dienstleister" eines Kursleiters, beurteilt.

Von Beginn bis Ende der Kursstunde hat der Kursleiter seine Rolle als Lehrer sehr ernst genommen. Er hat die Übungen korrekt vorgemacht und dabei viel erklärt, ist durch die Reihen gegangen um die Teilnehmer zu kontrollieren und er hat bei gegebenen Anlässen, wie bei sehr schweren Übungen, verschiedene Progressionsstufen angeboten. Doch nicht nur durch seine aktiven Korrekturen, sondern auch durch seine gute Haltung während und nach den Übungen hatte man zudem das Gefühl, dass er seine Vorbildfunktion sehr ernst genommen hat. Dies wurde davon unterstützt, dass er körperlich sehr fit war und ein gepflegtes Erscheinungsbild, mit der dazu passenden Sportbekleidung trug.

Sobald schwere Übungen durchgeführt wurden, ist der Kursleiter in eine dezente Art eines Animateurs gewechselt und hat die Teilnehmer animiert bis zum Ende durchzuhalten. Seine Art der Motivation war dabei zu keinem Zeitpunkt aufdringlich sondern eher sehr freundlich, weshalb man die komplette Kursstunde das Gefühl hatte professionell betreut zu werden. Das Ganze wurde dadurch unterstützt, dass er durchgehend geistig anwesend war und zudem zu keinem Zeitpunkt eine negative Formulierung genutzt hat.

Zusammenfassend lässt sich sagen, dass der Kursleiter in seiner Kursstunde in ausgewogenen Verteilungen in die vier Rollen eines Kursleiters geschlüpft ist, wobei die Funktion des Dienstleisters im Vordergrund stand. Denn er hat sich nicht nur darum gekümmert dass z.B. der Raum die ganze Zeit über ein gutes Klima hatte (durch öffnen oder schließen der Fenster), er hat auch neue Teilnehmer freundlich empfangen und ihnen einen guten Einstieg in den Kurs ermöglicht. Das ganze wurde dadurch abgerundet das er den Kurs pünktlich begonnen hat und den Teilnehmern vor und nach dem Kurs für Fragen zur Verfügung stand.

3 Externe Bedingungen einer Kurseinheit

Um eine Kurseinheit planen zu können muss man sich über gewisse externe Bedingungen im Klaren sein und diese berücksichtigen.

Zum einen sind die Rahmenbedingungen ein grundlegender Punkt der beachtet werden sollte. Dazu gehören unter anderem die Ausstattung und das Klima. Plant man einen Kurs mit Entspannungseinheit, bei dem Igelbälle benötigt werden, ohne vorher zu prüfen ob Igelbälle vorhanden sind, steht man während der Kursstunde vor einem Problem und muss dann spontan einen neue Übung wählen.

Probleme dieser Art können auftreten, wenn die Ausstattung im Vorfeld nicht geprüft wird. Doch auch das Klima kann hier eine entscheidende Rolle spielen und über den Verlauf des Kurses entscheiden. Wird z.B. ein Kurs wie MAX-Intervall, bei dem die Intensität sehr hoch ist, an einem Tag gemacht bei dem eine Außentemperatur bei über 30° Grad liegt und der Kursraum über keine Klimaanlage verfügt, so kann es passieren das einige Teilnehmer Kreislaufprobleme bekommen, wenn der Kursleiter die Intensität nicht anpasst oder zu wenige Trinkpausen einlegt.

Weiterhin sollte bei der Planung der Kurseinheit auf die Zielgruppe geachtet werden, hier sind Faktoren wie das Alter und das Leistungslevel zu beachten. Wird z.B. ein sehr intensiver Kurs für einen Montagmorgen geplant, an dem nur ältere Leute teilnehmen, so kann es passieren, dass die Teilnehmer überfordert sind und den Kurs auf Dauer nicht mehr besuchen.

Ähnlich wie bei diesem Beispiel kann es auch in Bezug auf den Leistungslevel aussehen.

Wenn ein Kursleiter einen Workout Kurs übernimmt, bei dem ein eingesessener Kundenstamm mit jahrelanger Erfahrung besteht, so kann er dort keine Kurseinheit für Anfänger durchführen. Viele Teilnehmer würden sich dadurch unterfordert fühlen und sofern der Kursleiter das Leistungslevel der Kursstunde nicht anpasst, den Kurs nicht mehr besuchen.

Ein weiterer ausschlaggebender Punkt bei der Planung einer Kursstunde ist die Zielsetzung. Hier ist es wichtig dass die einzelnen Teile der Kursstunde aufeinander abgestimmt sind. So macht es z.B. keinen Sinn eine Wirbelsäulen-Gymnastikstunde mit einem Step Warm Up zu beginnen. Ebenso ist es nicht empfehlenswert eine ausdauerorientierte Einheit mit nur einem Cool Down zu beenden, denn dadurch wird der Kreislauf der Teilnehmer vor Kursende nicht ausreichend beruhigt.

4   Planung einer Wirbelsäulengymnastik

4.1   Zielgruppe

Die Wirbelsäulengymnastik ist geschlechtsunspezifisch aufgebaut und bietet so jedem, der bereits Rückenprobleme hat oder diesen prophylaktisch entgegenwirken möchte, die Möglichkeit den Kurs zu besuchen. Aufgrund der Altersstruktur im Ausbildungsbetrieb liegt der Altersdurchschnitt der geplanten Kurseinheit bei 45 Jahren.

Um eine optimale Betreuung der Teilnehmer zu ermöglichen ist die Gruppengröße auf 10 bis 15 Teilnehmer limitiert. Dadurch ist es möglich auf die Teilnehmer besser einzugehen und gegebenenfalls individuelle Progressionsstufen vorzugeben. Aufgrund dessen ist der Kurs besonders für Anfänger geeignet, jedoch können auch Fortgeschrittene den Kurs besuchen.

4.2   Ziele der Wirbelsäulengymnastik

Als Ziel der Wirbelsäulengymnastik kann in erster Linie die Prävention von Rückenproblemen gesehen werden. Sollten schon Beschwerden vorhanden sein gilt es diesen entgegenzuwirken. Ein erster Schritt hierfür ist der Ausgleich von muskulären Dysbalancen, sowie eine Verbesserung der Körperwahrnehmung. Abgesehen davon ist eine Steigerung der physischen und psychischen Entspannungsfähigkeit ein wichtiger Bestandteil der Wirbelsäulengymnastik. Diese Ziele werden im Folgenden durch die Aussagen von Reiß, M. und Eifler, C. unterstützt „…bei der Aufnahme eines Wirbelsäulentrainings sowohl die Körperwahrnehmung als auch die Haltung zu schulen. Darüber hinaus sind Kräftigungs- und Dehnübungen für die Rumpfstabilisierende Muskulatur sowie Mobilisationsübungen zur Verbesserung der Gelenkbeweglichkeit essentielle Bestandteile einer Wirbelsäulengymnastik. Entspannungsübungen zur Erhöhung der Stressregulation können eine Unterrichtseinheit abschließen." (Eifler, C. & Reiß, M. 2014, S.121)

Die genannten Ziele sind als allgemeine Ziele zu betrachten, die für die geplante Wirbelsäulengymnastik grundlegend sind. Im Vordergrund der zu planenden Kursstunde steht die Kräftigung der rumpfstabilisierenden Muskulatur. Dies wird erreicht indem Übungen zur Kräftigung des Bauchs und des unteren Rückens eingesetzt werden.

4.3 Material

Für die Wirbelsäulengymnastik wird folgendes Material benötigt:

- Eine Gymnastikmatte
- Ein Gymnastikball
- Ein Gymnastikreifen (wird als Wegrollsicherung für den Gymnastikball benötigt)

4.4 Stundenplanung

Tab. 1: Stundenplanung

Phase: Warm Up Allgemein (5 Minuten)				
Ziele der Übungen	Übungsbezeichnung/ Name der Übung	Übungsbeschreibung	Belastungsgefüge	Bemerkungen/ Hinweise
Anregung des HKS	Marschieren	Marschieren auf der Stelle; Hüftbreit; Oberkörper gerade; Kopf in Verlängerung der Wirbelsäule	30 Sekunden	Arme werden mitbewegt
Anregung des HKS und Mobilisierung der Schulter	Marschieren und Schulterkreisen	Marschieren auf der Stelle, dabei abwechselnd die Schultern kreisen; hüftbreit; Oberkörper gerade; Kopf in Verlängerung der Wirbelsäule	1 Minute	30 Sekunden nach vorne und 30 Sekunden nach hinten
Anregung des HKS und Mobilisierung der Knie	Anfersen	Fersen abwechselnd zum Gesäß bewegen; hüftbreit Oberkörper gerade; Kopf in Verlängerung der Wirbelsäule	1 Minute	Arme bewegen sich beim anfersen mit nach hinten, Hüfte senkrecht
Anregen des HKS und Mobilisierung der Hüfte / Knie	Knie heben	Abwechselnd Beine heben bis Hüfthöhe; hüftbreit; Oberkörper gerade; Kopf in Verlängerung der Wirbelsäule	1 Minute	Ellenbogen über Kreuz zu dem Knie führen das nach oben kommt, Oberkörper

				aufrecht
Lockern der Arme	Marschieren mit Arm-Lockerung	Auf der Stelle Marschieren, dabei Arme ausschütteln; hüftbreit; Oberkörper gerade; Kopf in Verlängerung der Wirbelsäule	1 Minute	Tief durchatmen
Lockerung des Körpers	Arme und Beine Lockern	Arme und Beine ausschütteln	30 Sekunden	Tief durchatmen

Phase: Warm Up Speziell (5 Minuten)

Ziele der Übungen	Übungsbezeichnung/ Name der Übung	Übungsbeschreibung	Belastungsgefüge	Bemerkungen/ Hinweise
Mobilisierung der HWS	Kopf neigen	Den Kopf abwechselnd von rechts nach links neigen; hüftbreiter Stand; Knie leicht gebeugt; Rücken gerade	1 Minute	Bewusst atmen
Mobilisierung der BWS	Rücken einrollen	Hüftbreiter Stand; Knie leicht gebeugt; Rücken Wirbel für Wirbel einrollen und wieder ausrollen	1 Minute	Beim Einrollen Kinn zur Brust ziehen
Mobilisation LWS	Becken kippen	Hüftbreiter Stand; Knie leicht gebeugt; Rücken gerade; Kopf in Verlängerung der Wirbelsäule; Becken abwechselnd nach vorne und nach hinten kippen	1 Minute	Oberkörper bleibt während der Übung möglichst gerade
Mobilisation der LWS	Becken seitkippen	Hüftbreiter Stand; Knie leicht gebeugt; Rücken gerade; Kopf in Verlängerung der Wirbelsäule; Becken abwechselnd nach links und rechts kippen	1 Minute	Oberkörper bleibt während der Übung möglichst gerade
Mobilisation Wirbelsäule	Seitrotation	Hüftbreiter Stand; Knie leicht gebeugt; Rücken gerade; Kopf in Verlängerung der Wirbelsäule; Arme auf Schulterhöhe zur Seite ausgestreckt; Drehung des Oberkörpers von links nach rechts	1 Minute	Die Hüfte bleibt während der Bewegung fixiert; ohne Schwung arbeiten

Phase: Hauptteil (25 Minuten)

Ziele der Übungen	Übungsbezeichnung/ Name der	Übungsbeschreibung	Belastungsgefüge	Bemerkungen/ Hinweise

	Übung			
Kräftigung der Rückenmuskulatur und der Beine	Kniebeuge mit gestreckten Armen und Gymnastikball	Ausgangsposition: hüftbreiter Stand: Rücken gerade; Kopf in Verlängerung der Wirbelsäule; Rücken, Bauch und Gesäß anspannen; Gymnastikball mit gestreckten Armen vor der Brust halten Bewegung: Knie beugen, dabei das Gesäß nach hinten schieben und die Arme nach oben strecken bis sie in Verlängerung des Oberkörpers sind, danach in die Ausgangsposition zurückkehren	3 Minuten; Bewegungstempo von (2/0/2) bei einem Musiktempo von 128 Bpm; Bei Bedarf können die Teilnehmer die Übung kurz pausieren	Die Kniebeuge wird so tief gemacht, das das Becken dabei nicht nach vorne kippt; Die Knie bleiben hinter den Zehenspitzen; Der Kopf bleibt bei der Übung in Verlängerung der Wirbelsäule; Bei zunehmender Ermüdung kann die Übung ohne Ball fortgeführt werden; bei der konzentrischen Phase ausatmen und bei der exzentrischen Phase einatmen
Kräftigung der gesamten Stützmuskulatur	Unterarmstütz auf dem Gymnastikball	Ausgangsposition: Kniend auf der Gymnastikmatte; der Gymnastikball liegt vor den Teilnehmern mit einer Armlänge Entfernung, so dass nur die Fingerspitzen den Ball berühren Bewegung: die Unterarme werden auf dem Ball abgelegt; die Füße werden auf die Fußballen gestellt; mit dem Ball so weit nach vorne rollen bis der Körper auf einer Linie ist und die Füße den Boden nur noch	3 Minuten; Bei einem Musiktempo von 128 Bpm; Bei Bedarf können die Teilnehmer die Übung kurz pausieren	Grundspannung im gesamten Körper, dabei besonders auf den Bauch und den Rücken achten; Unterarme sind parallel zueinander; In der Endposition sind die Ellenbogen unter den Schultern; ein Hohlkreuz

		mit den Zehen berühren; die Spannung so lange halten wie möglich und danach zurück in die Ausgangsposition		vermeiden
Kräftigung des Unteren Rückens	Rückenstrecker auf dem Gymnastikball	Ausgangsposition: Bauchlage; Die Füße sind Hüftbreit auf den Fußballen auf dem Boden aufgestellt; das Becken liegt auf dem Gymnastikball; der Rücken ist durchgestreckt; der Kopf wird in Verlängerung der Wirbelsäule gehalten; die Hände sind am Kopf; die Ellenbogen werden zur Seite abgespreizt Bewegung: Der Oberkörper wird gerade abgesenkt und wieder angehoben	3 Minuten; Bewegungstempo von (2/0/2) bei einem Musiktempo von 128 Bpm; Bei Bedarf können die Teilnehmer die Übung kurz pausieren indem sie den Oberkörper entspannt auf dem Ball ablegen	Grundspannung im gesamten Körper; Bei der absenkenden Bewegung den Oberkörper auf Spannung halten
Dehnung der Rückenmuskulatur; kurze Entspannung	Das Kind	Ausgangsposition: Kniend vor dem Gymnastikball; der Ball liegt eine Armlänge entfernt; die Hände liegen auf dem Ball; Bewegung: Der Oberkörper wird eingerollt; die Hände bleiben auf dem Ball so das eine Dehnung im Rücken aufgebaut wird	Die Dehnung 30 Sekunden halten	Dabei tief durchatmen
Kräftigung des Unteren Rückens	Beckenlift	Ausgangsposition: Rückenlage; Füße sind vor dem Gesäß aufgesetzt; Bewegung: die Hüfte wird angehoben bis der Oberkörper in einer Linie mit den Oberschenkeln ist, danach wieder wird die Hüfte wieder abgesenkt dabei die Hüfte in der	3 Minuten; Bewegungstempo von (2/0/2) bei einem Musiktempo von 128 Bpm; Bei Bedarf können die	Als Progressionsstufe kann in der Endposition ein Bein ausgestreckt werden oder der Rücken Wirbel für Wirbel auf und abgerollt wer-

12

			Teilnehmer die Übung kurz pausieren	den
Kräftigung der geraden Bauchmuskulatur mit Schwerpunkt auf der oberen Hälfte	Crunch	Ausgangsposition: Rückenlage; die Füße sind vor dem Gesäß auf den Fersen aufgestellt; die Knie haben einen 90° Winkel; Der Kopf wird in Verlängerung der Wirbelsäule gehalten; Händen an den Kopf dabei sind die Daumen an der Schläfe Bewegung: der Oberkörper wird angehoben und danach wieder abgesenkt, dabei die Schulterblätter knapp über der Matte halten	3 Minuten; Bewegungstempo von (2/0/2) bei einem Musiktempo von 128 Bpm; Bei Bedarf können die Teilnehmer die Übung kurz pausieren	Ohne Schwung arbeiten; bei der konzentrischen Phase ausatmen und bei der exzentrischen Phase einatmen
Kräftigung der seitlichen Bauchmuskulatur	Crunch diagonal	Ausgangsposition: Rückenlage; die Füße sind vor dem Gesäß auf den Fersen aufgestellt; die Knie haben einen 90° Winkel; Der Kopf wird in Verlängerung der Wirbelsäule gehalten; die Arme sind gestreckt vor dem Körper; die Hände sind zusammen. Bewegung: Die Arme gehen abwechselnd links und dann rechts außen an den Oberschenkeln vorbei, indem der Oberkörper einige cm in die jeweilige Richtung angehoben wird	3 Minuten; Bewegungstempo von (2/0/2) bei einem Musiktempo von 128 Bpm; Bei Bedarf können die Teilnehmer die Übung kurz pausieren	Wenn der Oberkörper in der Mitte ankommt wird er ca. 2cm über dem Boden gehalten; Ohne Schwung arbeiten; bei der konzentrischen Phase ausatmen und bei der exzentrischen Phase einatmen
Dehnung der Bauchmuskulatur und kurze Entspannung	Strecken	Ausgangsposition: Rückenlage; Arme werden nach oben ausgestreckt; die Beine werden ausgestreckt; Bewegung: Arme und Beine soweit wie möglich	Die Dehnung 30 Sekunden halten	Dabei normal weiter atmen

		ausstrecken und diese Spannung halten		
Kräftigung der geraden Bauch- muskulatur mit Schwerpunkt auf der unteren Hälfte	Knie zur Brust ziehen	Ausgangsposition: Der Oberkörper ist in Rücken- lage auf der Matte; der Kopf ist abgelegt; die Ar- me liegen neben dem Kör- per; die Beine werden in einem 90° Winkel gehal- ten, so dass die Unter- schenkel parallel zum Bo- den sind; die Füße werden nebeneinander gehalten. Bewegung: die Knie wer- den zur Brust gezogen und danach wieder abgesenkt. Hierbei soll die Hüfte an- gehoben werden	3 Minuten; Bewegungs- tempo von (2/0/2) bei einem Mu- siktempo von 128 Bpm; Bei Bedarf kön- nen die Teilnehmer die Übung kurz pausie- ren	Ohne Schwung arbeiten; bei der konzentri- schen Phase ausatmen und bei der exzent- rischen Phase einatmen
Kräftigung der Bauchmuskulatur	Bauchmuskula- tur anspannen	Ausgangsposition: Der Oberkörper ist in Rücken- lage auf der Matte; der Kopf ist abgelegt; die Ar- me liegen neben dem Kör- per; die Beine sind eine Fußlänge vom Gesäß auf- gestellt. Bewegung: Die gesamte Bauchmuskulatur wird angespannt und die LWS zur Matte gedrückt; die Spannung wird fünf bis zehn Sekunden gehalten; danach kurz gelöst und dann wieder aufgebaut	3 Minuten; Bei einem Musiktem- po von 128 Bpm; Bei Bedarf kön- nen die Teilnehmer die Übung kurz pausie- ren	Während der Übung ganz normal weiter atmen

Phase: Cool Down (10 Minuten)

Ziele der Übun- gen	Übungsbezeich- nung/ Name der Übung	Übungsbeschreibung	Belastungs- gefüge	Bemerkungen/ Hinweise
Entspannung / Verbesserung der Entspannungsfä- higkeit	Traumreise	Die Teilnehmer legen sich in eine entspannte Position auf den Rücken und schließen die Augen; Der Kursleiter liest eine Ge- schichte vor	Dauer der Geschichte ist 7 Minu- ten	Die Geschichte muss fehlerfrei und in einer angemessenen Weise vorge- tragen werden; Im Hinter-

14

				grund spielt leise eine entspannende Musik
Lockerung des Körpers; Übergang in den Alltag einleiten	Lockerung des Körpers	Alle stehen gemeinsam Rücken- und Kniegerecht auf. Dafür wird ein Fuß so aufgestellt, dass das Knie über dem Fußgelenk ist. Die Arme können auf dem Bein abgestützt werden und unterstützen die Aufstehbewegung; Die Teilnehmer strecken sich und lockern ihre Arme und Beine	3 Minuten	Der Kursleiter hat die Möglichkeit etwas zum Kurs zu sagen und sich zu verabschieden; Die Stunde wird im Stehen begonnen und endet im Stehen

5 Literaturverzeichnis

Eifler, C. & Reiß, M. (2014). *Studienbrief Gruppentraining 1.* (rev.12.012.000) Saarbrücken: Deutsche Hochschule für Prävention und Gesundheitsmanagement.

6 Tabellenverzeichnis

BEI GRIN MACHT SICH IHR WISSEN BEZAHLT

- Wir veröffentlichen Ihre Hausarbeit,
  Bachelor- und Masterarbeit

- Ihr eigenes eBook und Buch -
  weltweit in allen wichtigen Shops

- Verdienen Sie an jedem Verkauf

Jetzt bei www.GRIN.com hochladen
und kostenlos publizieren